Das größte Geschenk für die Welt
ist immer wieder der Moment,
in dem ein Kind geboren wird.

In Liebe,
für Jesse, Marie Fee, Siri Lisanne
und

Schreibe hier deinen Namen

Danke allen, die geholfen haben!

Das Umschlagfoto sowie die Fotos auf Seite 9, 24, 31, 32 wurden
von Anke Maria Leitzgen fotografiert. Alle übrigen Fotos stammen vom Autor.
Lithografie: Typosatz W. Namisla, München
Druck und Bindung: Kösel, Kempten
Umschlaggestaltung: Agentur Kosch, München

ISBN 3-466-36576-7

Rainer Leitzgen

Herzen, die zum Himmel fliegen

Kinder sprechen mit Gott

Kösel

Vorwort

Ein Gebet ist wie ein Lied deines Herzens, das hoch zum Himmel fliegt. In Liebe wird es dort empfangen.

Sprich in deinem Wort, in deiner Herzensmelodie immerfort zu Gott. Stelle Fragen über Fragen und sei gewiss, Antworten schon bald in dir zu tragen. Lausche in dein Herz hinein, denn Gottes Antworten werden dort, für dich allein, zu hören sein. Aus Liebe sind sie dir gegeben und nur die Liebe kann sie verstehen und den Sinn in allem sehen.

Voll Freude habe ich dieses Buch für dich erdacht und hoffe, dass es dir viel Freude macht.

Ein Bilderbuch, ein Lesebuch, ganz wie du es schauen magst. Ein Buch für freudige Stunden, ein Buch für den Morgen, ein Buch für den Abend. Ein Buch, auch wenn du einmal traurig bist.

Sieh gerade dann die Farben an. Bestaune die Blumen. Lausche den Worten. Dann klapp das Buch zu und lauf hinaus. Dorthin, wo die Blumen duften, wo die Bäume blühen und Früchte tragen. Laufe, spiele, singe, springe ...

Halte inne, sieh den Himmel, lausche still nach dem Lied. Nimm auf des Himmels Liebeslied als deine Herzensmelodie.

Nun ist es an dir mit einzustimmen: Singe, lebe, was dein Herz erlauscht, wenn du es zu Gottes Himmel hoch erhebst und doch mit beiden Beinen fest auf der Erde stehst.

Komm, wir wollen alle Kinder rufen! Auf ihr Großen, Mama, Papa, Oma und Opa auch!

Lasst uns das Lied des Himmels laut singen, auf dass Herz und Himmel als eins erklingen.

Im Januar 2001 *Rainer Leitzgen*

Morgens wenn die Sonne aufgeht,
mein Herz sich mit im Kreise dreht.

Es jubelt, singt und springt,
weil nun ein neuer Erdentag beginnt.
Alles Leben groß und klein
findet sich zum Tanze ein.
Die Erde selbst dreht sich in liebevoller Ruh
und wir auf ihr tanzen unser Lied dazu.
Es tanzt der Baum, er schüttelt sich, er rüttelt sich
und wunderbare Früchte öffnen sich.
Die Blumen beginnen im warmen Licht sich zu erheben
und mit dem Wind gemeinsam einen Tanz zu geben.
Nun strömt ein wundervoller Duft
durch die gesamte Weltenluft.
Jetzt laufe ich los,
mein Lied zu singen,
Freude zu bringen,
mit allem, was ist,
gemeinsam zu klingen.
Denn nun sind wir ein großer Chor,
eine Freude für Gottes Ohr.
Alles Leben singt und spielt
ein wahrhaft lebensfrohes Liebeslied.

Ich bin wie ein Sonnenstrahl, der Licht auf die Erde bringt.
Ich bin wie eine Melodie, aus der ein Lied erklingt.
Ich bin wie die Liebe, die in jedem Herzen wohnt.
Ich bin wie das Lachen, das in der Freude lebt.
Ich bin wie der Friede, der Verzeihen bringt.
Ich bin wie der Jubel, der in allem klingt.
Ich bin wie du, lieber Gott, und du bist wie ich.

Lieber Gott, alles, alles, was meine Augen sehen, das bist du.
Alles, was meine Hände tragen, ist ein Teil von dir.
Alles, was meine Ohren hören, ist dein Klang.
Alles, alles, was meine Nase riecht, ist dein Duft.
Lieber Gott, wohin meine Gedanken mich auch führen, ich lebe in dir.
So wie mein Herz seinen rechten Platz hat in mir,
so bin ich ein ganz besonderer Teil von dir.

Lieber Gott, alles, das sind wir!

Lieber Gott, die Erde ist aus dir entsprungen.
Jeder Mensch ist dein Gedanke.
Blumen, Blätter, Sträucher, Bäume, alles ist dein Geschenk,
Jede Alge, die Fische, Vögel, jeder Bär und jede Laus.
Alles Leben ist von dir gegeben.
Alles Leben wohnt in deinem Haus.

Lieber Gott, warum heißt du eigentlich Gott?
Warum sagen manche Menschen Allah oder Manitu zu dir?
Warum heißt du nicht auch ...*?
Warum nicht auch Baum oder Adler, Fisch oder Bär, Regen oder Wind?
Du bist doch alles Lebendige, alles kommt doch aus dir.
Wie das Wasser aus der Quelle fließt,
so bin ich aus dir.
So bist du aus dir geströmt und hast uns ...* genannt.
Da wir beide eins sind, wie die Quelle und das Wasser,
wenn es sich den Weg zum Meer bahnt
und durch die Erde wieder zurück zur Quelle fließt.
So bin ich ein Teil dieses Stromes des Lebens,
voll Freude auf dem Weg zum Meer.
Eins zu sein mit allem Leben,
mit der Vielfalt, die du bist,
um dann zurückzufließen, hin zur Quelle,
zu berichten voller Jubel vom Fluss des Lebens.
Lieber Gott, voll Freude bin ich wie ein Tropfen dieses Stromes,
um mich auszudehnen, eins zu sein,
Quelle sein und Strom zugleich.

Aufgelöst sind alle Namen!

* Name des Zuhörers oder der Leserin einsetzen

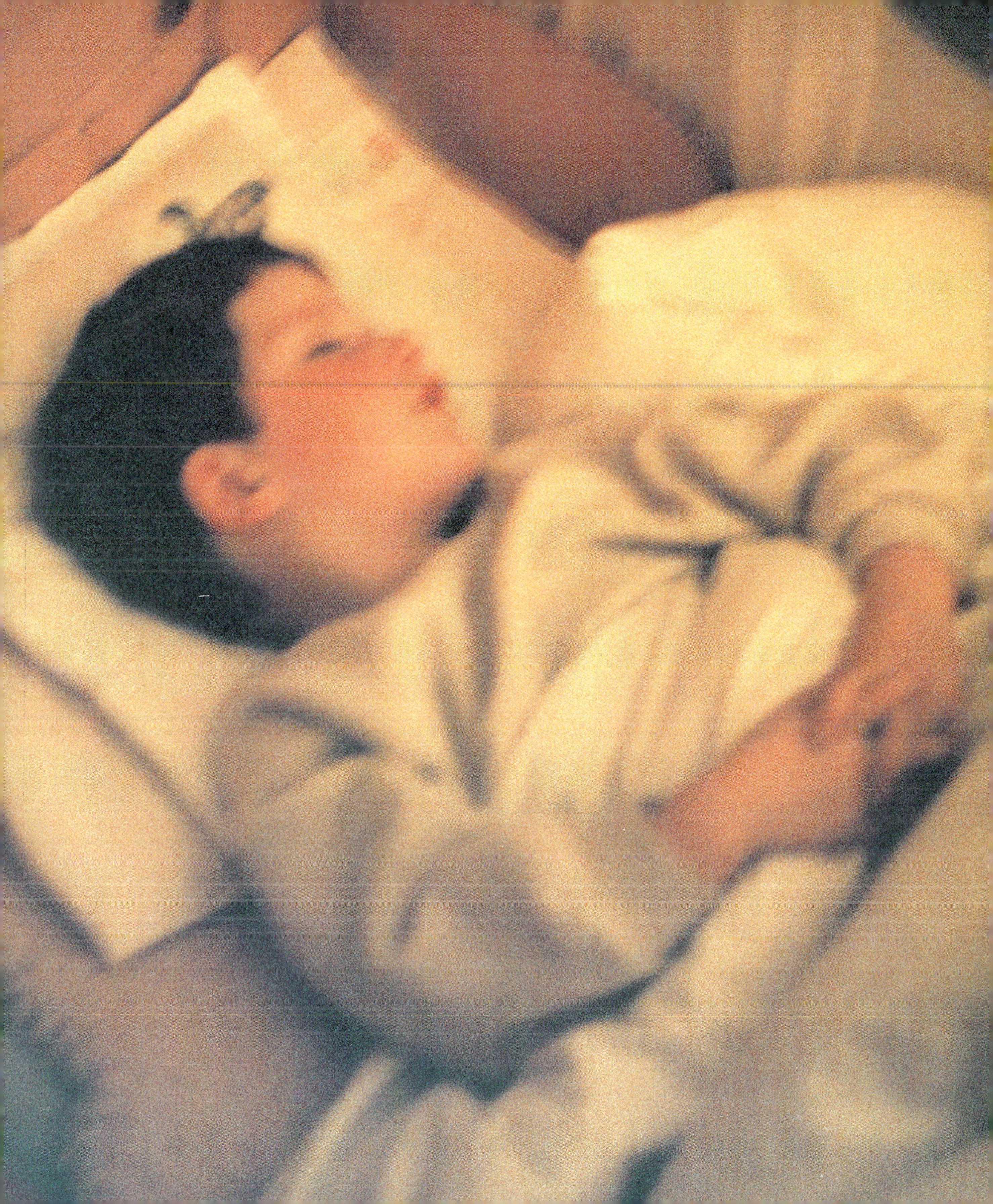

Lieber Gott, lange haben wir auf der Erde gedacht, du bist im Himmel.

Lieber Gott, lange haben wir auf der Erde gedacht,
dass wir Menschen, wir Kinder hier unten sind und du dort oben bist.

Lieber Gott, jetzt weiß ich, dass wir mittendrin sind in dir
und du mittendrin bist in uns.

Lieber Gott, jetzt weiß ich, dass die Erde, auf der ich lebe,
ebenso deine Heimat ist, dass wir durch unsere gemeinsame Liebe
die neue Welt der Liebe und des Friedens erschaffen.

Lieber Gott, nun weiß ich, dass ich ein Kind bin auf einer wunderbaren Reise
und dass du, der alles erschaffen hat, auch ich bist,
jetzt weiß ich, dass wir nicht zwei, sondern eins sind.

Lieber Gott, jetzt weiß ich, dass,
wenn ich mit mir spreche,
du zu dir sprichst,
und wenn du zu dir sprichst, ich dann zu mir spreche.

Lieber Gott, jetzt weiß ich, dass wir eins sind,
wie der Vogel mit seinem Lied,
wie die Biene mit ihrem Summen,
wie die Blume mit ihrem Duft,
eins, wie mein Herz und die Liebe.

Wunder

Lieber Gott, in Mamas Bauch, da ist jetzt was los.
Es reckt sich und streckt sich,
es wirbelt und strömt,
es klopft und pocht in einem fort.
Es lebt und bebt
und wird ganz groß.
Es boxt und tritt so manches Mal.
Es gluckert und blubbert ohne Zahl.

Bei uns zu Hause, da ist jetzt was los.
Es wird gebügelt, gefaltet,
gestopft und genäht.
Ein Bettlein gerichtet und Windeln gelegt.

Bei dir im Himmel, lieber Gott, ist bestimmt jetzt was los.
Planen und wissen,
vorausschauend sehen,
spüren und führen;
aus Liebe wird alles geschehen

Bei mir lieber Gott, da ist jetzt was los,
denn meine Freude ist so groß.
Es pocht und bebt mein ganzes Herz.
Sieh, all meine Gaben hab ich schon zusammengetragen.
9* Finger noch, 9*, dann ist es endlich da.

Oh, lieber Gott, das Leben ist wunderbar!

* Oder in wie viel Tagen erwartest du dein Geschwisterchen?

Wenn über mir die Sterne stehen
und unter mir die Regenwürmer gehen;
wenn mir die Blumen ihre Farben schenken
und die Vögel mich mit einem Lied bedenken;
wenn ich mit meinen Füßen auf Steinen stehe
und über meinem Kopf die Sonne sehe;
wenn die Erde mich zum Tanze bittet,
mich mit ihr zu drehn,
dann weiß ich, bin ich angekommen,
hier auf ihr zu gehn.

lauschen riechen tasten gehen
laufen fühlen schmecken sehen
lieben wissen und verstehen
leben
dich und mich in allem sehen

Im Schlaf

Zwei Hände, Arme, Po und Bauch, meine Beine und Füße natürlich auch.
Zwei Augen, Ohren, Nase, Mund: alles sauber und gesund.
Auf Leinen gebettet, mit Daunen bedeckt.
Morgen früh erst werde ich wieder geweckt.
Nun schlafe ich!
Jetzt bin ich frei, bin ganz ohne Gewicht,
denn meinen müden Körper, den spüre ich nicht.
Nun steige ich auf in strahlendem Licht und ich weiß,
mein Körper alleine, nein, das bin ich nicht.

Hallo, lieber Gott, hier bin ich nun,
meinen müden Körper lassen wir dort unten im Bett noch eine Weile ruhn.
Jetzt bin ich da, um mehr zu erfahren,
um alle meine Fragen dir in Liebe vorzutragen,
sie in deine Wahrheit sanft zu legen,
sie als Antworten wieder mit nach Hause zu nehmen.
Lieber Gott, jetzt hab ich gesehen.
Gemeinsam, können wir nun wieder zurück
in unseren schlafenden Erdenkörper gehen.

Lieber Gott, du bist in mir und ich bin in dir.
Lieber Gott, du bist wie ich und ich bin wie du.
Ich habe all deine Fähigkeiten und du hast mich.

So wie ich meine Hände habe, Gutes zu tun,
so wie ich meine Augen habe, Schönes zu sehn,
so hast du mich und ich hab dich,
so sind wir eins, sind ein und dasselbe.

Ich bin geboren aus dir und du bist geboren aus mir.
Du bist in allem, da alles aus dir ist.
So bin ich in allem, da wir eins sind.
Wir sind das Leben, die Liebe, das Licht.

Oh, lieber Gott, wie freue ich mich!

Pläne hab ich und Ideen.
Leben möcht ich, leben und verstehn,
die Welt mit meinen eignen Augen sehn.

Dort,
wo es keine Grenzen gibt,
wo Wunder ihre Wurzeln haben,
wo richtig, wo falsch
entdecken heißt.

Dort,
wo Zeit und Raum erlischt,
wo alles Wissen wohnt,
wo Gedanken hell wie Sterne strahlen.

Dort,
wo Platz für alles Leben ist,
wo Liebe lebt,
wo Gott in meiner Sprache zu mir spricht.

Dort!
Ich, ja ich bin dieser Ort!

Sieh doch, lieber Gott, wie groß das Leben ist.
Sieh, sieh, wie groß es ist.
Alles lebt und lebt,
ist ein einziges helles Licht.
Sieh doch, lieber Gott, wie hell das Leben ist.

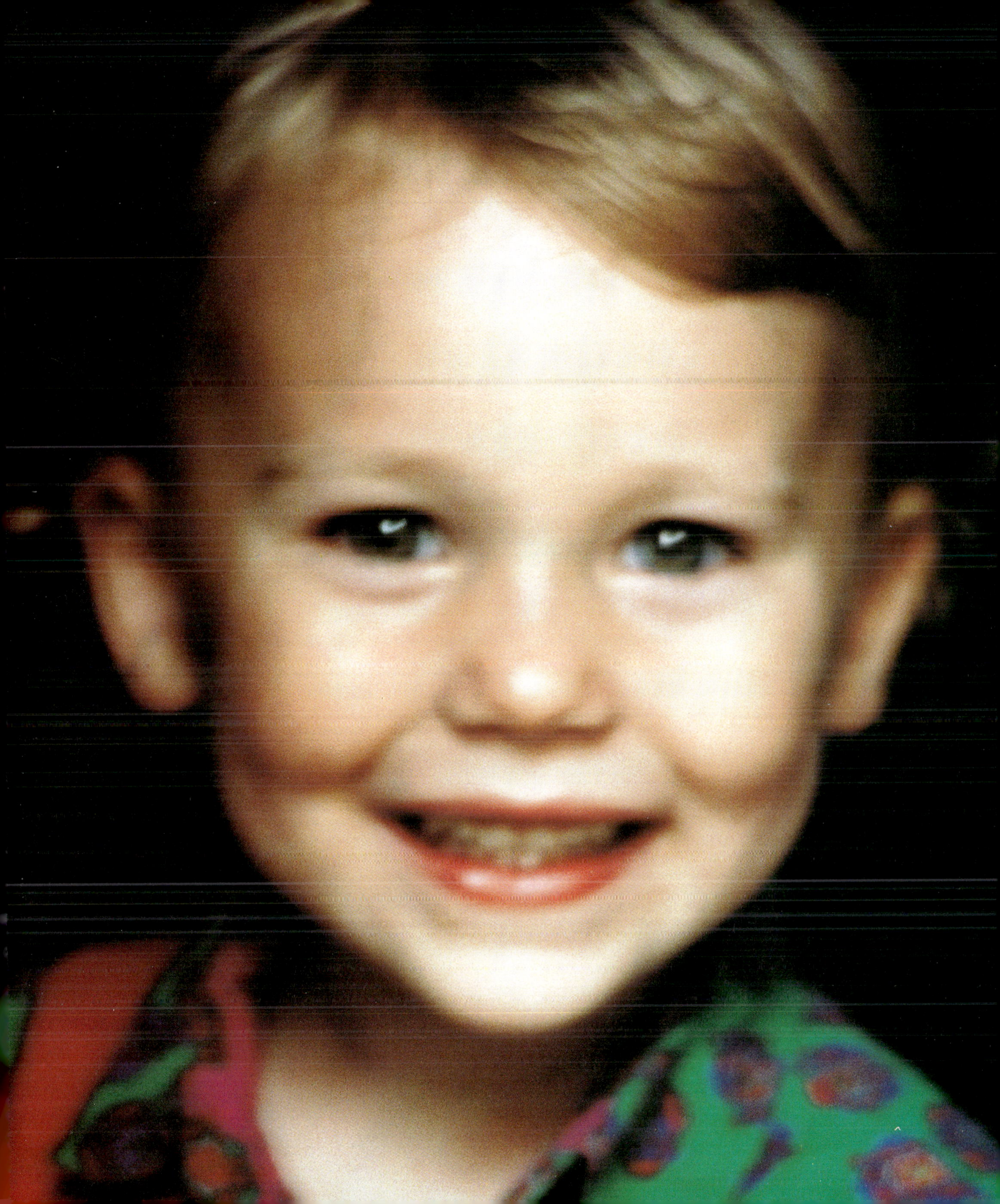

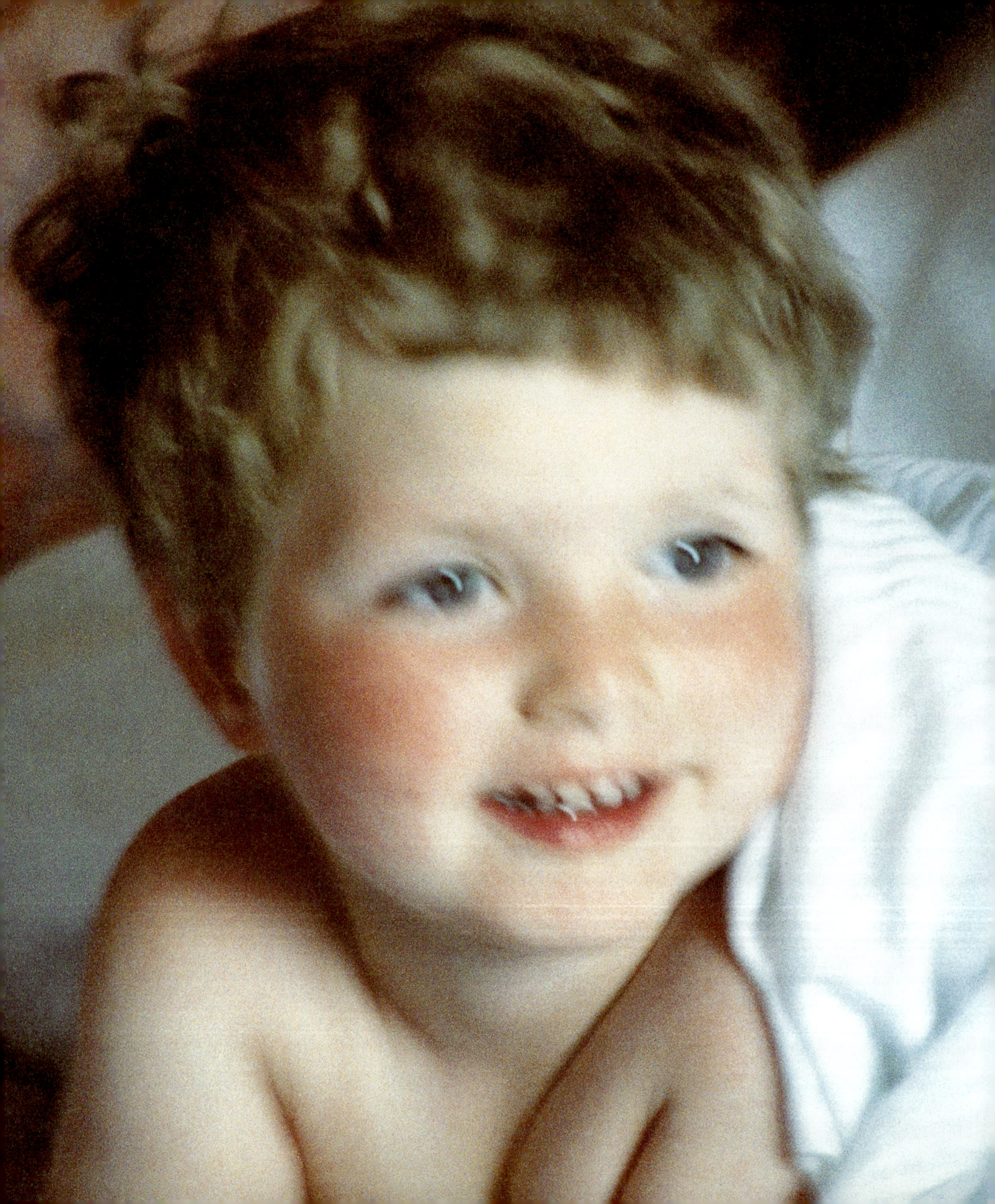

Am Morgen

Voll Freude bin ich aufgewacht
und sehe, wie die Sonne lacht.
Mein Herz fängt nun zu tanzen an.
Es tanzt einen Tanz, den jeder kann.
Es dreht sich schnell im Kreis herum
und jubelt, springt und singt.
Weil jetzt ein neuer Tag beginnt.
All meine Liebe tanzt nun mit
in federleichtem Wiegeschritt.

Komm, lieber Gott, jetzt wolln wir gehn,
den neuen Tag froh anzusehn.

Nun bin ich aufgewacht, bin auf der Erde,
bin wie ein Kind zusammen mit dem Wasser und dem Wind.
Ich grüße auch den Baum, den Strauch und alle Blumen.
Ja, selbst der Stein und jedes Vögelein
möchte gerne mit mir sein.
Alle Kinder, alle Menschen groß und klein
gehn in den neuen Tag hinein.
Lasst uns gemeinsam Liebe geben,
Segen sein für alles Leben.

Am Abend

Nun schlafe ich in liebevoller Ruh,
schließe beide Augen zu.
Durch sie hindurch seh ich des Tages hellen Lichterglanz
und sage Dank für all die Freude.
Ich sage Dank für diese Nacht,
in der ich viele schöne Träume hab.
Ich danke dir, du liebe Nacht,
hast du doch Frieden mitgebracht.
Tief in mein Herz hinein
lass ich nun alle Engel ein,
dass wir aus Liebe tanzen,
bis uns der neue Tag in heller Pracht entgegen lacht.

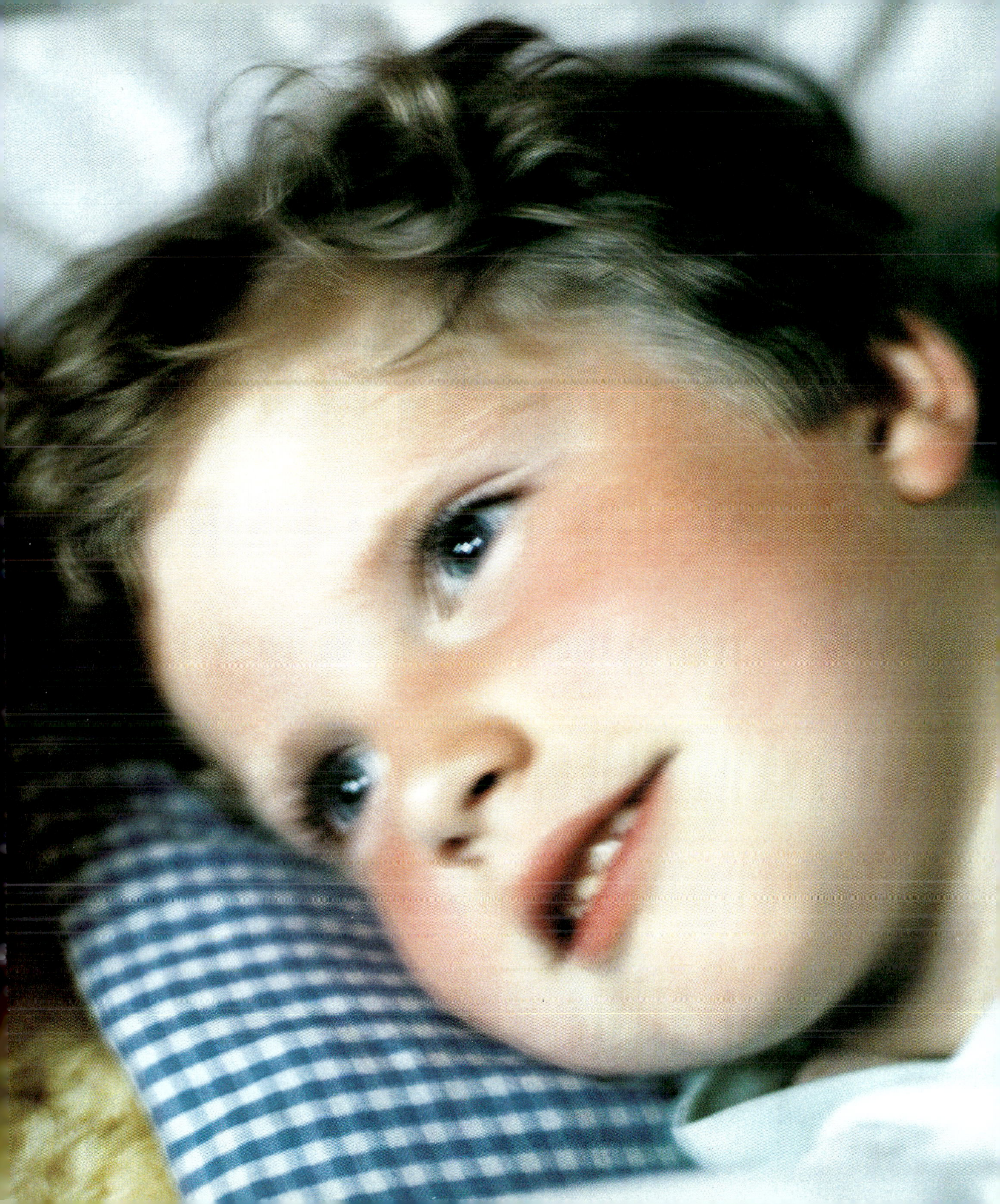

Lieber Gott,
aus deiner Mitte
bin ich einst erwacht,
du zu sein und ich zugleich,
hell zu leuchten, Licht zu sein,
weit zu reisen, hier zu sein,
ich zu sein und du zugleich.

Welch ein Tag!

Hell, so hell die Sonne strahlt.
Steine glitzern, Bäche funkeln,
Blüten feiern ihre Farbenpracht.
Still! Ein Summen, Brummen, Pfeifen.
Bienen, Käfer und die ganze Vogelschar.
Lausch mit hellem Ohr nach des Schmetterlings Flügelschlag!
Erde, Bäume, Blumen, Früchte,
duften jetzt nach ihrer Wahl.

Aufgepasst, nun eilt geschwind der Wind herbei,
streicht und weht um Blatt und Rock.
Wolken ziehen wild am Himmel.
Haare tanzen im Gesicht.
Hörst du, wie der Regen trommelt?
Jeder Tropfen ist ein Ton.
Jedes Rinnsal, jeder Strom,
spielt seine Wassermelodie.
Plitsch und platsch,
jetzt lauf ich los,
mit blanken Füßen,
jeden Tropfen zu begrüßen.

Wenn ich groß bin

Wenn ich groß bin,
werd ich Kran und Bagger fahren,
Polizei sein oder Feuerwehr.
Hanna, sie will Pferde züchten,
Tieren helfen – groß und klein.
Vielleicht werd ich auch Förster oder Bauer sein?
Nein, Pilot, das möcht ich werden,
fremde Länder und Planeten sehn.

Hanna will auch Kinder haben,
sieben Babys oder mehr.
Dann will Hanna Stoffe schneiden,
Kleider nähen
und auch zum Theater gehen.
Doch was sie am liebsten werden mag:
sein wie Mama jeden Lebenstag.

Lieber Gott, schau meinen Papa an!
So, ja so will ich auch mal sein!
Darum lass, lieber Gott, durch Mama und Papa
dein Licht und deine Liebe strahlen
in Hannas und mein Herz hinein.

Herbst

Jedes Blatt und Blättlein
hüllt sich in prächtige Farben ein.
Es strahlt ein Rot, ein leuchtend Gelb,
ein Grün, ein Gold, ein Braun.
Der ganze Wald funkelt wie ein lustiger Flickenclown.
Jetzt bläst der Wind
und alle Farben mischen sich geschwind.
Nun erscheinen Straßen, Wege, Pfade,
ja selbst der Bach und manches Dach,
wie von kecker Zauberhand
in ihrem neuen Herbstgewand.

Alle Tiere, groß und klein,
finden sich zum Feste ein.
Sie kosten voller Hochgenuss
an Apfel, Pflaume und der Nuss.
Sieh, auch unser Tisch ist reich gedeckt.
Es duften Samen, Früchte und frisches Brot.
Nun möchte ich teilen mit allen in Not.
Kommt ihr Kinder aller Farben, aller Länder,
Kommt ihr Menschen aus nah und fern!
Kommt mit Tieren, Pflanzen, Steinen.
Dieses Fest wird uns in Liebe vereinen.

Dank dir Gott für deine Gaben,
nun soll alles, alles Leben daran Freude haben.

Tischgebet

Es duftet und dampft auf unserem Tisch,
alles ist bereitet gar königlich,
Danke dem Koch, dem Bäcker, dem Bauern.
Danke der Sonne, dem Regen, dem Wind.
Danke der Erde, den Pflanzen und Tieren.
Dank und Segen allem Leben.
Danke Gottes ganzem Königreich.

Wasser und Wein, Brot oder Fisch,
versammelt sind wir um einen reich gedeckten Tisch.

Lasst uns teilen all die Gaben,
die wir von Gott empfangen haben.

Danke sagen wir allem Leben,
hat es doch uns von sich selbst gegeben.

Um Segen wollen wir bitten für alles Leben,
damit wir einander aus Liebe geben.

Freudentanz

Sieh doch, lieber Gott, wie schön die Blumen sind.
Komm, komm schnell, erspüre auch den Duft.
Fühl doch, lieber Gott, wie warm die Sonne ist.
Da, sieh da, ein Hase springt!
Koste, wie süß die Kirschen schmecken.
Horch, das Lied der Vögel. Hier und dort ihr Ruf erklingt.
Spürst du, lieber Gott, jetzt regnet es.
Komm, komm, komm, jetzt tanzen wir,
wie die Tropfen, auf und nieder,
schnell und schneller dreh ich mich in dir.

Morgens,
wenn ich
hoch
zum Himmel
seh,
sag ich
dem Traum
und der Nacht
ade.
Ich lade
Gottes Engel
ein,
den neuen
Tag
mit mir
zu sein.